gallina

galinha

gallo

galo

pollito

pintainho

patito

patinho

pavo

peru

burro

burro

cisne

cisne

rana

sapo

mapache

guaxinim

oso

urso

ardilla

esquilo

mosca

mosca

mariquita

joaninha

gusano

minhoca

caracol

caracol

babosa

lesma

abeja

abelha

araña

aranha

escarabajo

escaravelho

libélula

libélula

león

leão

cebra

zebra

jirafa

girafa

rinoceronte

rinoceronte

serpiente

cobra

mosquito

mosquito

tortuga marina

tartaruga marinha

hipopótamo

hipopótamo

caimán

jacaré

cocodrilo

crocodilo

tiburón

tubarão

morsa

morsa

pingüino

pinguim

oso polar

urso polar

foca

foca

estrella de mar

estrela do mar

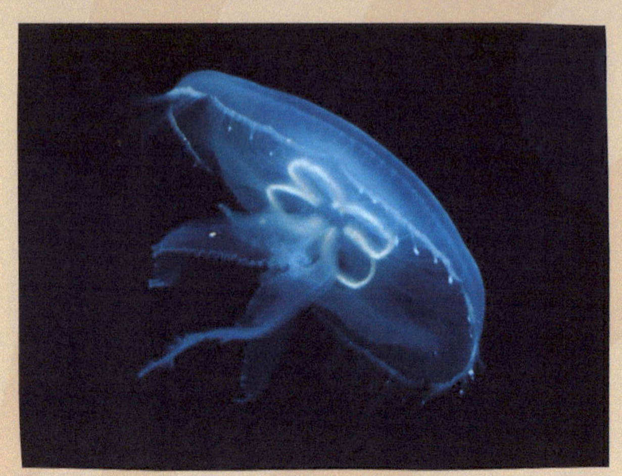

medusa

medusa

conchas marinas

conchas

pluma

pena

11

once

onze

12

doce

doze

13

trece

trece

14

catorce

quatorze

15

quince

quinze

16

dieciséis

dezesseis

17

diecisiete

dezessete

18

dieciocho

dezoito

19

diecinueve

dezenove

20

veinte

vinte

corazón

coração

óvalo

oval

flecha

seta

creciente

crescente

curva

curva

espiral

espiral

cruz

cruz

zigzag

ziguezague

arcoíris

arco-íris

colores oscuros

cores escuras

colores claros

cores claras

puntos

pontos

línea

linha

bajo

baixo

alto

alto

 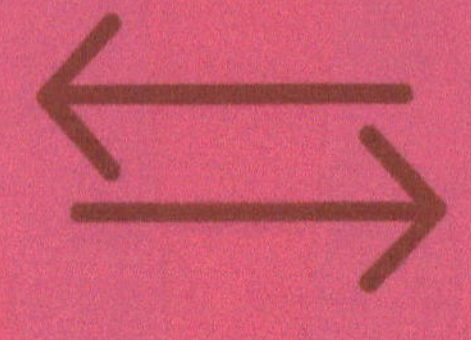 

un poco

um pouco

mucho

muíto

  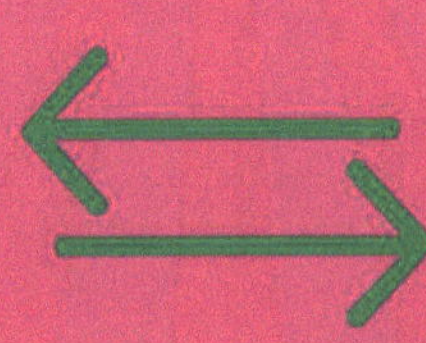  

lleno

cheio

vacío

vazio

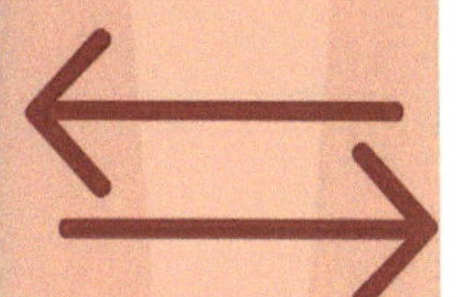

cabello rizado

cabelo encaracolado

cabello liso

cabelo liso

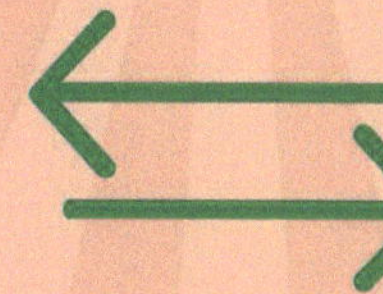

aceptar

aceitar

rechazar

recusar

idéntico

idêntico

diferente

diferente

seco

seco

mojado

molhado

juguetes

brinquedos

bloques

blocos

pelota

bola

robots

robôs

lengua

língua

nariz

nariz

cabello

cabelo

bigote

bigode

dedos

dedos

brazo

braço

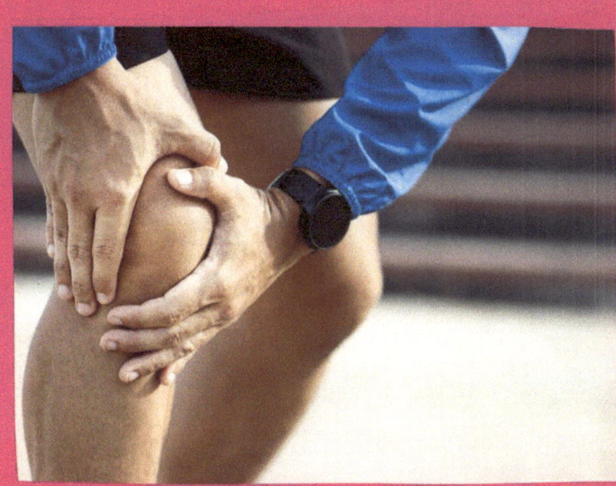

rodilla

joelho

codo

cotovelo

sonreír

sorrir

beso

beijar

llorar

chorar

dolor

dor

cuerpo

corpo

espalda

costas

chupete

chupeta

trona

cadeira de bebé

jabón

sabão

cepillo de dientes

escova de dentes

toalla

toalha

orinal

bacio

anillo

anel

pulsera

bracelete

collar

colar

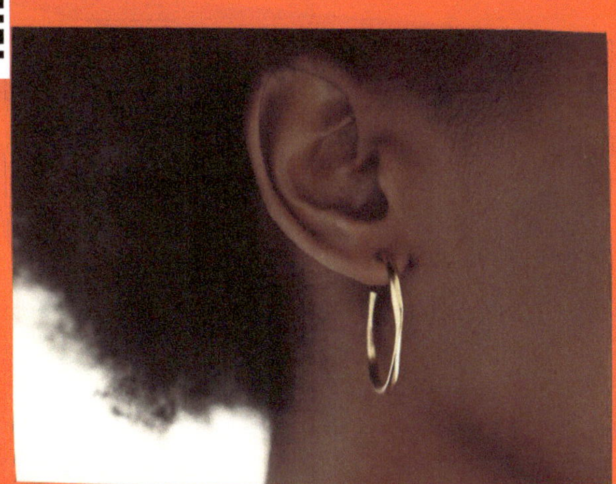

pendiente

brinco

chocolate

chocolate

palomitas

pipocas

mermelada

compota

tostada

torrada

miel

mel

mantequilla

manteiga

pan

pão

helado

gelado

sémola

sémola

arroz

arroz

pasta

massa

sopa

sopa

leche

leite

agua

água

zumo

sumo

kiwi

quivi

frambuesa

framboesa

pomelo

toranja

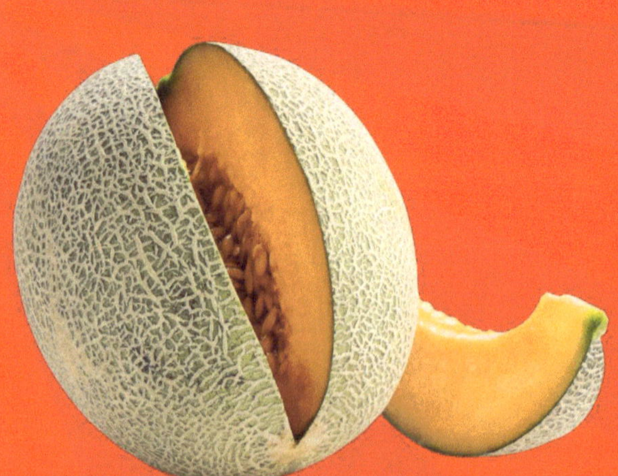

melón

melão

ciruela

ameixa

albaricoque

damasco

granada

romã

higo

figo

arándano

mirtilo

arándano

arando

caqui

dióspiro

lichi

líchia

frutas

frutas

verduras

vegetais

aguacate

abacate

judía verde

feijão-verde

brócoli

brócolos

berenjena

beringela

guisantes

ervilhas

pimiento

pimento

remolacha

beterraba

lechuga

alface

endivia

endívia

alcachofa

alcachofra

puerro

alho-francês

cebolla

cebola

ajo

alho

jengibre

gengibre

nueces

nozes

almendra

amêndoa

pistacho

pistache

anacardo

caju